誰も□□□□□□□□□に出てくる

仕事のくふう、見つけたよ

全3巻

① お店ではたらく
スーパーマーケット、花屋、書店ほか

スーパーマーケット・コンビニエンスストア・花屋・
美容室・書店・アパレルショップ・スポーツショップ

② くらしをささえる
消防署、駅、図書館ほか

消防署・図書館・高齢者福祉施設・
病院・駅・宅配便・交番

③ ものを作る・育てる
野菜農家、パン屋、建築現場ほか

野菜農家・牧場・パン屋・レストラン・
ケーキ屋・建築現場・食品工場

はじめに

　わたしたちのくらしは、いろいろな人が仕事をしてなりたっています。

　おうちの人が買い物をしているスーパーマーケット、みんなに本をかしてくれる図書館、おいしいごはんが食べられるレストラン……、毎日の生活をふり返ると、たくさんのはたらく人のすがたが見えてきます。

　みんなの身近にある仕事から、気になるものをえらびましょう。その仕事のことをくわしく調べて、はたらく人がどんなくふうをしているのか見てみましょう。

　調べたり、見学してわかったことは、ほうこくする文章に書いて、わかりやすくまとめるといいでしょう。

　たくさんの発見に出会ったら、わたしたちのくらしのことを、もっと深く知ることができるでしょう。

調べて、書こう！ 教科書に出てくる

仕事のくふう、見つけたよ

1

お店ではたらく

スーパーマーケット、花屋、書店ほか

編著『仕事のくふう、見つけたよ』編集委員会

イラスト pon-marsh

汐文社
ちょうぶんしゃ

調べて書こう! 教科書に出てくる

仕事のくふう、見つけたよ
❶お店ではたらく──スーパーマーケット、花屋、書店ほか

この本のおわりに
「仕事のくふう ほうこく
シート」があります。
コピーして使いましょう。

＊本書で紹介している仕事内容は一例です。

この本の使い方

みんなの身近には、
どんな仕事があるか考えてみましょう。
通学路にはどんなお店や施設がありますか。
おうちの人から、レシートを
もらってみてもいいですね。

1 調べたい仕事を決めよう

この本では、7つの仕事場をしょうかいしています。自分が調べたい仕事をえらびましょう。

2 くわしく調べよう

えらんだ仕事について書かれたページをよく読み、どんな仕事をしているのか、どんなくふうがあるのかを調べましょう。
見学に行く人は4、5ページを見て、じゅんびしましょう。

3 ほうこくする文章を組み立てよう

44ページを見て、考えたことやつたえたいことをまとまりにわけましょう。

4 ほうこくする文章を書こう

この本のおわりにある「仕事のくふう ほうこくシート」をコピーしたものに、
ほうこくする文章を書きましょう。44〜47ページも読みましょう。

見学に行く時は

お店や施設に見学に行く場合は、本やインターネットで、
気になる仕事のことを事前によく調べておきましょう。
そのうえで、調べてわかったことや気になったことを、見学してたしかめてきましょう。
はたらいている人にインタビューするのもいいでしょう。
個人やグループで見学をおねがいする時には、先生やおうちの人とよく相談をしてから、
相手の都合に合わせて日時を決めましょう。

持ち物

◉ **メモ帳**……見学先で聞いたり、見たり、感じたことを、短い文章で書きとめておこう。

◉ **ノート**……見学先でたしかめること、はたらいている人に聞くことを、わすれないように書いておこう。

◉ **カメラ**……写真にとっておくと、見学のあとでも見られるのでべんり。写真をとる時には、見学先の人や相手の人に聞いてから、とるようにしよう。

◉ **ひっき用具**

リュックだと、両手が使えてメモがとりやすい！

注意しよう

◉ 交通ルールをしっかりまもって、安全に気をつけよう。
◉ 見学先ではさわいだり、かってに物にさわらない。
◉ 「よろしくおねがいします」のあいさつをしっかりとしよう。
◉ お世話になった人には、「ありがとうございました」と感しゃの気持ちをつたえよう。

はたらく人へのインタビュー

● じゅんびしておこう。

　事前によく調べて、しつ問を決めて、ノートにメモしておきましょう。

　グループでインタビューをする場合は、「話を聞く人」「メモをとる人」「写真をとる人」を決めておいてもいいでしょう。

● インタビューをする。

「こんにちは。わたしは○○小学校○年の○○○○です。今、○○○○○の仕事のくふうについて調べています。インタビューをしてもいいでしょうか」	・あいさつをして、名前を言いましょう。 ・何の調べ学習をしているのかつたえましょう。 ・相手がいそがしいこともあるので、インタビューをしてもいいか、聞いてみましょう。
「よろしくおねがいします。しつ問が○つあります。まずは……」「つぎに……」	・インタビューを受けてもらえたら、メモを見て、じゅんじょよくしつ問をしましょう。 ・相手の目を見てしっかり話を聞きましょう。 ・わからないことは、その場でたずねましょう。
「これでインタビューはおわりです。ありがとうございました」	・インタビューのお礼を言いましょう。

メモのとり方

● すばやくメモをとろう。
　・短い言葉で書きましょう。
　・ひらがなだと早く書けます。
　・記号や線を使いましょう。
　・かじょう書きにしましょう。
　・書きまちがえても、消すのはあとにして、そのままつづけて書きましょう。

● 大切だと思ったことには、しるしをつけておきましょう。

● 話す人の方もしっかりと見るようにする。

● インタビューがおわったら、内ようをおぼえているうちに、メモを読み返す。書きたしたりして、メモを整理しておく。

スーパーマーケット

肉や魚、野菜などの食料品、シャンプーや
ティッシュなどの日用品、文ぼう具、ペット用品など、
わたしたちの生活にかかわるいろいろな品物を売っています。

スーパーマーケットではたらいている人

そう菜部門スタッフ

調理場で、そう菜やおべんとうを作っています。新しいそう菜のメニューを考えることもあります。

CS（チェック・スタンド）部門スタッフ

レジ会計や商品のほうそう、お店のあん内などを行います。「いらっしゃいませ」「何かおさがしですか？」など、直せつお客さんに声をかけたりします。

青果部門スタッフ

野菜やくだものをあつかいます。品しつのチェックや、ふくろづめなどをします。お客さんが見やすく、手にとりやすいように、売り場にならべます。

このほかにも、せん魚・せい肉・グロサリー（調味料やレトルト食品、日用品などをあつかう）部門があります。

仕事の道具

タブレット

コンピューターで管理している商品のざい庫や売れ行きを、タブレットでいつでもかくにんできます。

トレイカート

トレイにのせた魚や肉を、まとめて売り場まで運ぶことができます。

スーパーマーケットのお仕事

野菜や
くだものは
入口近くに
ならべます。

商品の加工とちん列

開店前、スーパーマーケットに魚や肉、野菜、くだものなどがトラックで運ばれてきます。

とどいたばかりの商品は、部門ごとにわけられます。商品はそれぞれの売り場で、お客さんが手にとりやすいようにちん列したり、お客さんが調理しやすいように加工されます。また、ほしい分だけ買えるように、いろいろな大きさやりょうを用意しています。

たとえば、野菜売り場の場合はキャベツを丸ごとならべるだけでなく、半分に切ったものも売っています。魚売り場では、魚を丸ごと売るほかに切り身やさし身に加工し、ならべています。

▼お客さんはひつような分だけ、パックにとれます。

そう菜作り

スーパーマーケットには調理場があるので、コロッケをあげたり、牛どんの肉をにたりして、できたてのそう菜をならべることができます。

おべんとうは、工場などですでに一部が調理されたものに、お店で作ったおかずをもりつけてかんせいさせることが多いです。ごはんの用意をする時間のないお客さんにとてもべんりです。

お客さんのほしいものは時間によってかわります。お昼には昼食用のおべんとう、夕方には夕食のおかずになるそう菜を中心に用意します。おべんとうやそう菜の売れ行きを見て、ひつようなものはまた作ります。

8

レジ会計と接客

レジではお客さんがえらんだ商品の金がくを合計し、会計をしています。お客さんを待たせないように、会計はすばやく行います。

スーパーマーケットには「サービスカウンター」という、お客さんからのさまざまな声を聞く受けつけがあります。お客さんからのしつ問に答えたり、ほしい商品の売り場までつれて行ったり、ラッピングや宅配便の手配、車いすの人の買い物の手つだいなど、いろいろなサービスをしています。

売り場に立って新商品の試食をお客さんにすすめたり、目玉商品のレシピをしょうかいすることもあります。

▲商品のバーコードを読む。

▲えがおで接客。

おすすめの商品をマイクでアナウンスします。

ほじゅうと発注

お店の商品をお客さんが買っていくと、商品がたなからへります。あとから来るお客さんのために、店員はたりなくなった商品を売り場のうらがわ（バックヤード）から持ってきて、たなにならべていきます。これを「ほじゅう」といいます。

また、お客さんのほしい商品がいつでもそろっているように、商品の売れ行きをパソコンやタブレットで調べて、ひつような数の商品を本部[＊]に注文します。すると、本部にいる担当の人が、メーカーに発注したり、市場などから商品を仕入れます。

＊本部──お店の売り上げの管理や商品の仕入れ、せんでんなどをまとめて行っています。

スーパーマーケットの仕事の くふう

▲ 緑と赤の色合いがきれいな野菜売り場。

旬の食材を、いろどりよくならべる

店内には野菜、肉、魚といったあん内ばんがついていて、商品がどこにあるかしめしています。それぞれの売り場では、お客さんが「ほしい！」と思うように、手にとりやすく、きれいな色合いになるように、店員はよく考えて商品をならべています。

また、野菜、くだもの、魚には「旬」とよばれる、その食材がよりおいしく食べられる時期があります。旬にはその食材がたくさんとれるので、売り場にたくさんならべます。たとえば、春には

イチゴ、夏にはスイカ、秋にはナシ、冬にはミカンなどです。「今の時期は○○○がおいしいですよ」としょうかいして、お客さんに旬の食べ物をとどけています。

生産者表示

●●県産
このトマトは
わたしが
作りました

商品といっしょに作った人の名前や顔写真のはいったカードをおいて、お客さんが安心して買えるようにしています。

食材といっしょにレシピカードや合わせ調味料をならべる

　お店には「夕食は何にしようかな？」と考えながら、買い物をしている人もいます。そうしたお客さんのために、ナスの近くに「麻婆茄子の作り方」のようなレシピカードをおいています。ひつような食材の近くにレシピカードをおくことで、お客さんに「夕食」のメニューをていあんして、こんだてを決める手つだいをしています。

　レシピカードいがいにも、調理にべんりな合わせ調味料を食材といっしょにおくこともあります。

　レシピのていあんは、本日のお買い得の商品に合わせて行うことも多いです。

人気の品物やおすすめ商品をそろえている

　お客さんが「ほしい」と思う商品をそろえるため、店員はどの商品がどのくらい売れたかを、毎日パソコンなどでチェックしています。人気の商品を多目に仕入れたり、人気のない商品を入れかえたりします。

　とくにクリスマスケーキやひなあられなど、行事に合わせてあつかう商品は人気があります。

　また、仕入れ担当者が「お客さんがよろこびそう」と思った商品を大きくあつかうこともあります。こうした商品は目立つ場所にならべたり、「お買い得！」と書かれたポップを商品のそばにおいて、お客さんにおすすめします。チラシやホームページでもせんでんして、たくさんの人にお店へ来てもらえるようにしています。

コンビニエンスストア

食べ物、日用品、文ぼう具など
生活にひつような品物が、
コンパクトにそろっています。
電気代や電話代のしはらい、
宅配便の受けつけなどの
サービスもあります。

コンビニエンスストアで
はたらいている人

店員

商品をならべたり、少なくなった商品をたなにほじゅうします。レジ会計や接客、からあげなどの調理も行います。ほかにも、トラックで運ばれてきた商品の数が合っているかをかくにんしたり、お客さんがいない時は店内やトイレのそうじをします。

コンビニエンスストアはほとんどが24時間えいぎょうなので、お店は小さいですが、たくさんの人がシフト制ではたらいています。

ことば
シフト制

はたらく人が、決まった時間で交代しながら、仕事を回していく制度。週や月ごとに、きんむする日にちや時間が決まります。

仕事の道具

ラベラー

ねふだのシールを商品にはりつけます。

バーコードリーダー

商品のバーコードを読みとります。スムーズにレジ会計ができます。

スタンプ（りょうしゅういん）

宅配便や電気代などの「料金を受けとりました」というしるしに、書類におします。

コンビニエンスストアのお仕事

「コンビニエンス」とは日本語で「べんりな」という意味です。

仕入れとけんぴん

仕入れとは、どの商品をいくつ発注するか決めることです。コンビニエンスストアにとって大切な仕事のひとつで、ひつような商品をてきせつな数だけ仕入れて、品切れや売れのこりが発生しないようにします。お祭りなどの近所の行事や、天気なども仕入れる数のさんこうにします。

商品は主にお客さんがふえる時間の前に、保管する商品の温度ごとにトラックによって運ばれてきます。

商品がとどいたら、店員は「けんぴん」といって商品にきずなどがついていないか、数が合っているかなどをかくにんし、ならべます。

▲ 売れ行きを見て、注文する数を決める。

▼ 前出しをして整理する。　▼ 商品をほじゅうする。

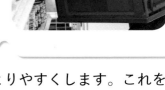

商品の整理とほじゅう

お客さんが気持ちよく買い物ができるように、商品を整理しています。

多くのお客さんは、手にとりやすい、たなの手前にある品物を買っていきます。そのため時間がたつと、たなの手前から商品がなくなってしまいます。そこで奥におかれていた商品をたなの手前にいどうさせて、手にとりやすくします。これを「前出し」といいます。

また、お店の奥（バックヤード）から商品を出してきて、たなにほじゅうしたり、形がくずれてしまった商品などをとりのぞいたりします。

▲ 商品を入れかえて、みりょくてきな品ぞろえにする。

品しつ管理

　せんどの管理はとても大切です。おにぎりやおべんとうは、とびらのないれいぞう庫（オープンケース）に、ペットボトルに入った飲み物などはとびらのあるれいぞう庫にならんでいます。これは商品に合った温度で管理して、せんどをたもつためです。

　ハンディーターミナルとよばれる、バーコードを読みとるきかいを使えば、古くなってしまった商品がわかるので、それらはたなからとりのぞきます。

　雑誌や新聞などは、新しいものがとどいたら、古いものをはずします。

▲ 安心して買い物ができるように品しつ管理をする。

品ぞろえ

　コンビニエンスストアはスーパーマーケットよりもお店が小さいので、あつかう商品をえらびぬくひつようがあります。ていばんのおべんとうや飲み物いがいにも、メーカーの新商品をいち早くならべたり、ふだんの生活でなくなるとこまる品物（ティッシュや乾電池、調味料など）もそろえるようにしています。

せいそう

　店内やトイレのそうじも店員の仕事です。日中もこまめにそうじをしますが、お客さんが少なくなる深夜には、昼間にできなかった場所もきれいにしていきます。

食べ物のはいき（食品ロス）をへらすとり組みもしています。

ここに注目！
コンビニエンスストアの仕事の

くふう

いろいろなサービスがたくさん

　コンビニエンスストアは全国のいろいろな場所にたくさんあり、生活にとても身近なお店です。そこでは、くらしにべんりなさまざまなサービスが受けられます。

　お金をあずけたり、引き出したり、ふりこんだりできる銀行のATM、コピー・ファックス機、チケットやインターネットショッピングのしはらい手つづきができるきかいなどを、そなえつけて

います。インターネットショッピングの商品は、家ではなくコンビニエンスストアにとどけてもらうこともできます。

　ほかにも、電気・ガス・水道・電話の代金のしはらいをしたり、宅配便をおくることもできます。

　食べ物などの商品のほかにも、さまざまなサービスを用意して、お客さんにお店にきてもらえるようにしています。

▲コピーやファックス、写真の印刷もできる。

▲ATMでお金を引き出してから、買い物ができる。

▲インターネットショッピングで買った商品が受けとれる。

24時間、いつでも開いている

コンビニエンスストアは一日中開いていることが多く、夜おそくや朝早くに買い物をしたい人にとてもべんりです。

深夜に仕事がおわったり、朝早くから出かけたりする人が、おべんとうなどの食べ物や、日用品を買うことができます。

「コンビニはいつでも開いている」ことが、お客さんにとって、いつでも買い物ができるという安心感につながっています。

▲24時間開いていないお店もあります。

もしもの時には助け合って、安心・安全なまちへ

コンビニエンスストアは、台風や地震などの災害にあった人たちを助けることもあります。

2011年3月11日の東日本大震災の時には、歩いて帰宅する人たちのためにコンビニエンスストアが水道やトイレ、休けい場所などをていきょうしました。これを「災害時帰宅支援ステーション」といいます。

ほかにも、まよっている人に道を教えたり、お店の前で事故が発生したらすぐに通報したり、事件にまきこまれそうになった時ににげられる場所としていたり、身近でこまっている人たちを助ける活動を行っています。これを「セーフティステーション活動」といいます。

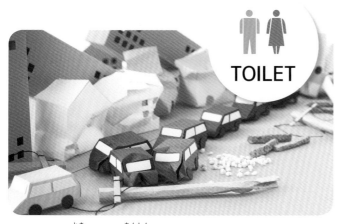

▲もしもの時にも、安心なくらしを。

▲いざという時に、にげこめる場所に。

花屋

いろいろな花や、かん葉植物を売っています。
はち植えや花たば、ブーケなど花をいろいろな形にアレンジして
お客さんが買いやすいようにしています。

花屋ではたらいている人

フラワーデザイナー

店員

お店だけでなく、けっこん式場、パーティー会場、ホテルのロビーなどに出向いて花をかざります。場所やイベントに合った花や見せ方を、クライアントと話し合って決めます。

仕入れた花の手入れをしたり、お客さんが「きれい」と思うようにお店に花をならべていきます。花が少しでも元気に長持ちするようにあつかうのも大切な仕事です。

ことば
クライアント

仕事をたのんだ人のこと。個人のお客さんだけでなく、会社をさすこともあります。

仕事の道具

花ばさみ

花を切る時に使う道具です。いろいろな花ばさみを使いわけています。

リボン(ほうそう用)

花たばを作るのに使います。むすんでかざりつけます。

じょうろ

花に水をあげる時に使います。

花屋のお仕事

朝早くに、花市場に出かけます。

花市場から花を仕入れる

市場から花を買ってくることは、花屋の重ような仕事です。

花の買い方は「せり」とよばれ、ねだんは決まっていません。一番高いねだんで「買いたい」と言った人が買える仕組みになっています。

そのため、どの花をいくらで買うか決めることは、花を安く仕入れるうえでとても大切です。

せりのほかにも、花を少しずつ仕入れられる「なかおろし店」が市場にはあります。

自分のお店や売り方に合わせて、市場で花を仕入れます。きせつの花は人気があるので、しっかりと仕入れられるようにします。

▼かれた葉をとりのぞく。

花の手入れ

仕入れたばかりの花は、産地→花市場→花屋と、しゅうかくされてから長い時間がたっているので、ぐったりしています。長持ちさせるためにも、湯あげ（くきの先をあついお湯につける）や水あげ（水の中でくきを切ったり、くきの先をつぶしたりする）を行って、花が水をすいやすいようにしていきます。

ほかにも、花に水をあげたり、バケツの水をかえたり、かれてしまった葉や花を切ったり、虫がつかないように薬をかけたりします。お客さんが、元気で長持ちする花を買えるように手入れしています。

ていねいな接客

　お客さんからは、花にかんするいろいろなしつ問や相談を受けます。お客さんに「○○の花はありますか？」と聞かれたら、すぐに同じ花を出せるように、花の名前やとくちょうなどをたくさんおぼえておくひつようがあります。「この花はどうやって育てればいいですか？」「長持ちのさせ方を教えてほしい」といったしつ問に、ていねいに答えていくのも花屋の大事な仕事です。

みりょくてきなちん列

　同じ花でもさき方や色、形はちがいます。ひとつひとつの花のとくちょうに気をつけながら、美しく見えるように店内やお店の前にならべていきます。

　花のとくちょうや育て方をカードに書いて、花とならべることで、お客さんが商品をえらびやすいようにもしています。

かん葉植物の葉についたほこりをふいたりもします。

▼車にのせて、配たつします。

配たつ

　花の配たつを行う花屋もあります。注文された花をお客さんの家やお店、会社、病院などいろいろな場所へとどけにいきます。

　とくに花輪やフラワースタンドなど大きな商品は配たつすることが多いです。

<ruby>花屋<rt>はなや</rt></ruby>の<ruby>仕事<rt>しごと</rt></ruby>の くふう

お<ruby>客<rt>きゃく</rt></ruby>さんと<ruby>相談<rt>そうだん</rt></ruby>して、<ruby>花<rt>はな</rt></ruby>たば・ブーケを<ruby>作<rt>つく</rt></ruby>る

　<ruby>花屋<rt>はなや</rt></ruby>は、<ruby>花<rt>はな</rt></ruby>を１<ruby>本<rt>ぼん</rt></ruby>ずつ<ruby>売<rt>う</rt></ruby>るだけではなく、お<ruby>客<rt>きゃく</rt></ruby>さんがプレゼント<ruby>用<rt>よう</rt></ruby>に<ruby>買<rt>か</rt></ruby>いやすいように、いろいろな<ruby>大<rt>おお</rt></ruby>きさの<ruby>花<rt>はな</rt></ruby>たばやブーケを<ruby>作<rt>つく</rt></ruby>って、<ruby>販売<rt>はんばい</rt></ruby>しています。

　お<ruby>客<rt>きゃく</rt></ruby>さんの<ruby>中<rt>なか</rt></ruby>には、いちから<ruby>花<rt>はな</rt></ruby>たばやブーケを<ruby>作<rt>つく</rt></ruby>ってほしいとリクエストをする<ruby>人<rt>ひと</rt></ruby>もいます。そんな<ruby>時<rt>とき</rt></ruby>は、「どんな<ruby>花<rt>はな</rt></ruby>がすきか」「かならず<ruby>入<rt>い</rt></ruby>れた

い<ruby>花<rt>はな</rt></ruby>はあるか」「どんな<ruby>色<rt>いろ</rt></ruby>にしたいか」「プレゼントする<ruby>人<rt>ひと</rt></ruby>はどんなイメージか」「<ruby>予算<rt>よさん</rt></ruby>はいくらか」などを、お<ruby>客<rt>きゃく</rt></ruby>さんと<ruby>話<rt>はなし</rt></ruby>をして、<ruby>商品<rt>しょうひん</rt></ruby>を<ruby>作<rt>つく</rt></ruby>っていきます。

　リボンやほうそう<ruby>紙<rt>し</rt></ruby>などのラッピング<ruby>用品<rt>ようひん</rt></ruby>も、お<ruby>客<rt>きゃく</rt></ruby>さんのリクエストにこたえられるように、いろいろと<ruby>用意<rt>ようい</rt></ruby>しています。

イベントや行事、きせつの花を仕入れる

花屋では、イベントや行事に合わせた花を売っています。たとえば、母の日にはカーネーション、おぼんにはキクを仕入れたり、お店や会社が新たにオープンした時の花輪や、おいわいのスタンドフラワーなどを作ります。

母の日のカーネーションには、お母さんに「ありがとうの気持ち」をつたえるためのメッセージカードを、おまけにつけてくれるお店もあります。

ほかにもチューリップ（春）、ヒマワリ（夏）、コスモス（秋）、ツバキ（冬）など、きせつの花をならべて、お客さんがきせつを感じられるような品ぞろえにしています。

▲ 母の日のプレゼント。

▲ スタンドフラワー。

式場やホテルを花でかざる

花屋はお店の中だけが仕事場ではありません。入学式やパーティー会場などへ行って、花をかざりつける花屋もあります。

花のしゅるいをたくさん知らない人が、ひとつひとつの花の名前と数を注文するのは、たいへんです。「けっこん式の会場に白色の花をテーブルの数だけほしい」と注文したら、お客さんのイメージやリクエストに合うように白い花をえらんで、テーブルの上にかざりつけます。花の高さ、色合い、香りなど、さまざまなことを考えたうえで、ぴったりの花をかざります。

ホテルやオフィスのロビーにある大きな花のアレンジメントを、出向いて作ることもあります。

▲ ホテルのロビー。

▲ けっこん式の会場。

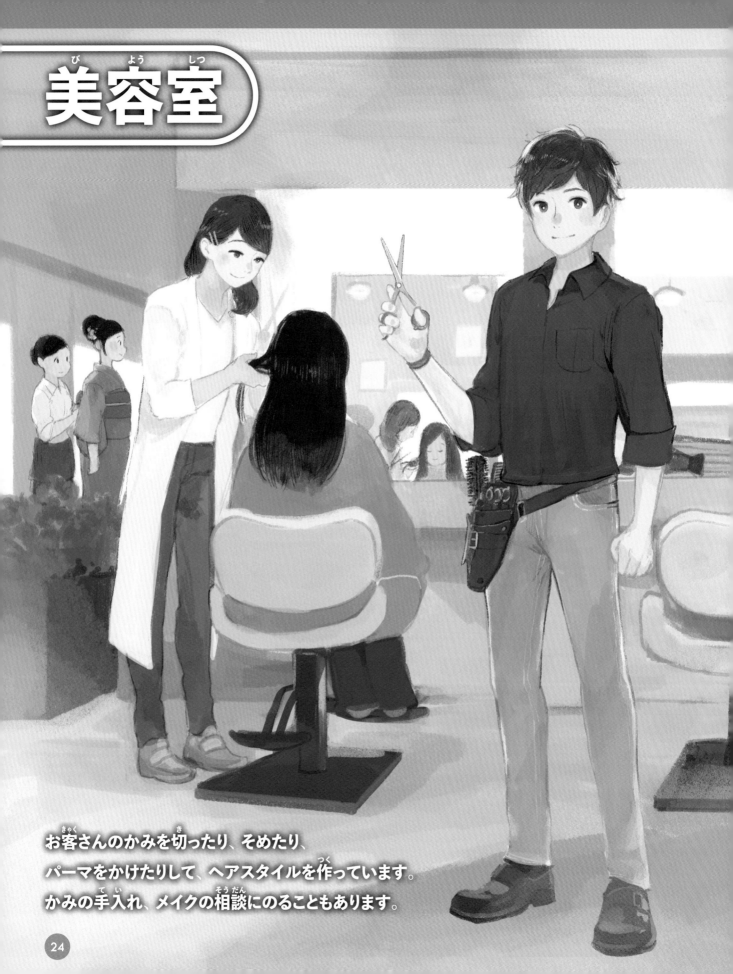

美容室

お客さんのかみを切ったり、そめたり、
パーマをかけたりして、ヘアスタイルを作っています。
かみの手入れ、メイクの相談にのることもあります。

美容室ではたらいている人

美容師

お客さんのリクエストにおうじて、かみのカット、パーマ、カラー、セットなどを行います。アシスタントの教育やしどうもします。

着つけ師

せいじん式やけっこん式などのイベントに合わせて、お客さんの着物の着つけをします。美容室からいらいのあった時だけはたらく、フリーランスの人もいます。

アシスタント

美容師の仕事がスムーズに進むように、かみをあらったり、パーマやカラーの手つだいなどをしています。主に美容師になったばかりの新人が行います。

ことば
フリーランス

とくていの会社や団体に入らずに、仕事をしている人のこと。

仕事の道具

ハサミ

美容師にとって一番大切な道具。さまざまなヘアスタイルを作るため、いろいろなしゅるいのハサミを持っています。

ヘアマネキン

美容師やアシスタントがカットやパーマ、カラーの練習をする時に使います。

ヘアワックス

ヘアスタイルを整えたり、固ていします。お客さんのかみのしつやヘアスタイルによって、いろいろなしゅるいを使いわけます。

美容室のお仕事

お店の
しまっている時に、
カットやカラーの
練習をしています。

かみを切る「カット」

美容師の一番の仕事は、お客さんのかみを切ることです。かみの長さやりょうを整えていき、お客さんがもとめるヘアスタイルに仕上げていきます。

新人の美容師がカットのテクニックを身につけるには時間がかかります。かみをただ切るだけではなく、はやりのヘアスタイルにしたり、お客さんのかみのしつに合わせたりするなど、さまざまなテクニックがひつようだからです。

一度切ってしまったかみは、その場で元にもどすことができません。しっぱいできないからこそ、一人前の美容師になるまで、アシスタントは美容師の手つだいをしながら、カットのテクニックを学びつづけています。

▼かみの色を決める。

▼カラー剤をつける。

かみをそめる「カラーリング」

美容室では、かみの色をかえることができます。茶色、金色、ピンク色などいろいろな色をえらべます。美容師は、お客さんにどの部分をどんな色にしたいか聞いたあと、カラー剤（かみの色をかえる薬品）をかみにむらなくぬって、色をかえていきます。

ただし、カラー剤は使いすぎると、かみの毛をいためてしまいます。そのため、かみを守るせい分をカラー剤にまぜるなどして、かみの毛のけんこうにも気を使っています。

パーマをかける

　パーマとは薬剤などを使って、かみをくるくるにしたり、カールさせたり、動きをつけることをいいます。

　ロッドとよばれるぼう状の道具にかみをまきつけて、パーマえきをかみにつけていきます。そのあと、加温機のねつをかみに当てることで、パーマがかかりやすくなるようにします。

　お客さんがのぞむヘアスタイルに合わせて、パーマえきを使いわけたり、ロッドやピン、ヘアアイロンなどの道具を使って仕上げていきます。

　これとは反対に、かみのくせをとるタイプのパーマもあります。

▲ロッドにかみをまきつける。

▲加温機でねつを当てる。

美容室では
たくさんタオルを
使います。

メイクをする

　ブラシやパフなどのメイク道具や、化しょう品を用意している美容室もあります。こうした美容室では、カット、カラー、パーマのほかにも、ヘアスタイルに合わせたメイクをします。

　はだの色や顔の形、目の大きさなどに合うメイクの仕方を、お客さんが自分で毎日できるように、アドバイスすることもあります。

　また、お客さんのその日のファッションや、美容室のあとに行くイベントや行事によってもメイクの仕方をかえていきます。

　美容室では、かみのことだけではなく、化しょうやファッションなどの、知しきとテクニックもひつようです。

美容室の仕事の くふう

ヘアスタイルやメイクなど、美容の相談にのる

　美容室ではまずはじめに、お客さんがどんなヘアスタイルにしたいかを聞いていきます。「自分にはどんなヘアスタイルが合うのか」「○○○みたいなヘアスタイルにしたい」「かみのりょうをへらしてほしい」など、お客さんのしつ問やこのみ、きぼうを聞いて、相談しながらその日の作業を決めていくので、お客さんとコミュニケーションをとることはとても大切です。

　また、ヘアスタイルやメイクの相談にのったり、アドバイスがもとめられることもあるので、美容師自身も雑誌やテレビ、インターネットのじょうほう、まちを歩いている人などをチェックして、流行のヘアスタイルやメイクなどを知るようにしています。

お店をいつもきれいにしている

　美容室では毎日お客さんのかみをたくさん切るので、しぜんとお店のゆかにかみの毛が落ちてしまいます。そのため、お客さんがゆかに落ちたかみの毛をふまないように、美容師やアシスタントはこまめに店内をそうじしています。

　カットのあとだけでなく、カットのとちゅうにもお客さんの様子を見ながら、ほうきなどでゆかに落ちたかみの毛をかたづけます。お客さんにしつれいのないタイミングでそうじをするように、気を配るのも大切です。

　きれいなヘアスタイルにするための美容室がきたなかったら、お客さんも来てくれなくなるので、お店をいつもせいけつにたもつようにします。

ヘアセットから着つけまでが一度にできる

　そつぎょう式やせいじん式、けっこん式、七五三などの行事やイベントの時には、着物やはかまを着る人がいます。しかし、ふだんから和服を着ない人にとっては、和服を一人で着るのはとてもむずかしく、たいへんです。

　そこで美容室では、こうした行事やイベントの時に着つけを行っています。和服に合わせたヘアスタイルのセットやメイクまでいっしょに行えるので、お客さんは美容室で一度に身じたくをすませることができます。

　もちろん、ドレスやスーツを着る場合にも、お客さんのこのみに合わせて、ヘアスタイルのセットやメイクを行っています。

書店
しょてん

雑誌やマンガ、小説、ドリルなど
たくさんのしゅるいの本を売っています。
作家をまねいたイベントを開くこともあります。

書店ではたらいている人

書店員

人気の本や話題のテーマにかんする本を注文したり、仕入れた本をジャンルにわけて、きれいにたなや平台にならべます。お客さんから注文を受けた本をとりよせたり、図書館や美容室へ本や雑誌を配たつすることもあります。

ことば

平台

本の表紙を上にして、つみ重ねておける台のこと。人気の本や、おすすめの本がよくならびます。

仕事の道具

ブックトラック

たくさんの本を同時に運ぶことができます。入荷した商品は、ジャンルごとにわけてブックトラックにのせていきます。

ブックスタンド

本がたおれないよう、ささえる道具。本立てともいいます。

けんさくき

さがしている本がお店にあるか調べられます。本のタイトルや作者の名前などを入力して使います。

書店のお仕事

本は主に雑誌と書籍の2しゅるいにわかれます。

雑誌の品出し

開店前には、その日に発売になる新しい雑誌がとどいています。書店員はビニールにつつまれた雑誌のたばを、納品書(でんぴょう)とてらし合わせながら、さつ数などにまちがいがないかをかくにんしてから、ジャンルのたなにちん列します。

ふろくがついている雑誌は、書店員がひとつひとつ本にはさんで、ヒモやゴムでまとめてから、たなにならべています。

先月号などの古くなった雑誌がのこっていれば、返品[*]します。そのためお店には、いつもさいしんの雑誌がおいてあります。

*返品——雑誌や本を出版社や取次会社に返して、商品のお金を返してもらう仕組み。

▲雑誌のたば。

▲ふろくと雑誌をまとめる。

▼本の表紙を見せて、目立つようにならべる。

書籍の品出し

雑誌といっしょに、新しい書籍や注文した書籍もとどきます。本は、「文芸書」「文庫」「コミック」「実用書」などのジャンルごとに、ブックトラックや台車にわけていきます。

それぞれのジャンルには、本の品ぞろえを管理する担当者がいます。担当者は自分の管理するジャンルの本をちん列します。たなにはかぎりがあるので、お店に来るお客さんにあった品ぞろえになるように、つねにおく本をえらんでいます。

話題の作品や人気作家の新刊は、お客さんの目にとまるようにならべます。

本の注文と販売

書店では新刊いがいの本も仕入れています。ジャンルの担当者がひつようだと思った本を出版社や取次会社[＊]に注文します。

人気作家の本、話題の作品、映画の原作、世の中で注目されているテーマの本などは、売り切れてしまわないように数を考えて、注文します。

また、お店のある地いきがテーマになっていたり、地元出身の作家の作品など、地いきにかかわる本は、お客さんにとって身近に感じられるので、商品をそろえていることも多いです。

このように、書店員はいろいろなことを考えて本を注文し、販売しています。

毎日たくさんの新しい本が発売されているので、全てをお店にそろえておくことはできません。そのため、お店にない商品をほしいと思っているお客さんから、注文のいらいを受けることがあります。その時はお客さんに代わって、書店員は出版社に注文をして、本を仕入れます。

＊取次会社──書籍や雑誌を出版社から集めて、書店にとどけている会社。日本にはたくさんの出版社があり、全ての本をチェックして、出版社に注文するのはむずかしいことです。また、出版社もお店ごとに本を1さつ1さつとどけるのは、とてもたいへんです。そのため、取次会社がいろいろな出版社の本をあつかい、書店ごとにまとめてとどけています。

▲ 電話で、出版社に本を注文。

▲ レジで接客する。

オリジナルのブックカバーをかけて、本を手わたします。

外商

図書館や学校、美術館、博物館、美容室などの会社や団体に本を売りに行くことを「外商」といいます。お客さんの家まで本をとどけたり、学校で使う教科書の販売をすることもあります。

外商部のスタッフは、注文を受けた本をとどけたり、新刊やおすすめの本をしょうかいして、新たな注文をとりつけてきます。

▲ 本をとどけにいく。

ここに注目！

書店の仕事の くふう

おすすめの本をしょうかいする

▶ポップで本をおすすめ。

書店には、本といっしょにその本をしょうかいするカードがかざられています。これは「ポップ」とよばれるものです。その本を読んだ書店員の感想や、おもしろかった部分などのおすすめポイントを書いて、お客さんにしょうかいしています。

ポップがきっかけで「この本を買おうかな」と思うお客さんもいるので、目立つようにカラフルにしたり、絵をかいたりくふうしています。

きせつや行事、ニュースになっていることなどテーマを決めて、それらにかかわるおすすめの本をえらんで、しょうかいすることもあります。これを「フェア」といいます。

ほかにも作家のサイン色紙や、出版社が作ったポップやポスターをかざっている書店もあります。

お客さんのほしい本をさがしたり、本をえらぶ手つだいをする

　書店にはたくさんの本があるので、お客さんはさがしている本を、なかなか見つけられないことがあります。さがしている本のタイトルや、作者などのじょうほうがはっきりとしていない場合もあります。そんな時、お客さんから問い合わせを受けた書店員が本をさがし出したり、お店になかった場合には出版社に注文をします。

　また書店員は、「友だちのたん生日に本をプレゼントしたい」「○○がのっている本はありますか」といった本えらびの相談を、お客さんからされることもあります。プレゼントをする相手の年齢やこのみ、知りたいことなどをお客さんにくわしく聞きながら、本をえらぶ手つだいをします。

　お客さんからのいろいろなしつ問に答えられるように、書店員は本の知しきや世の中の話題など

をいつもチェックするようにしています。

▼お客さんの本えらびを手つだう。

作家のサイン会や読み聞かせのイベントをする

　たくさんの人に来店してもらったり、本にきょうみを持ってもらうため、作家のサイン会やトークショー、読み聞かせなどのイベントをする書店もあります。

　作家が登場するイベントは出版社と相談をして行うことが多く、当日たくさんのお客さんに集まってもらえるように、インターネットやチラシでせんでんします。読み聞かせイベントでは、小さな子どもに絵本などを読みます。

　こうした活動をつうじて、お客さんの身近な書店として親しんでもらえるようにくふうしています。

▲店内のカフェやイベントスペースで行います。

アパレルショップ

いろいろな服を販売しています。
メンズ、レディース、キッズの商品を
全てあつかっていたり、
どれかをせん門にそろえているお店があります。

アパレルショップではたらいている人

服を販売するのが主な仕事。お客さんがみりょくてきに感じるコーディネートを、お店であつかっている商品で考えて、マネキンに着せます。お客さんが手にとったあとの服の整理や新しい商品の仕入れ、ちん列も行っています。

ことば

コーディネート

色や形、素材などが調和するように服を組み合わせること。

仕事の道具

メジャー

服のサイズやお客さんの体の大きさをはかる時に使います。

マネキン

服を着てみた感じがわかりやすくてんじできます。

雑誌

流行のファッションをチェックしたり、お店で販売している商品がのっていたりします。

アパレルショップのお仕事

服のてんじ会で、仕入れることもあります。

仕入れ

　メーカー（服を作っている会社）や問屋（メーカーから商品を買って、それをお店に売る会社）から仕入れて販売しています。仕入れはふつう、バイヤーとよばれる人が担当します。

　服はきせつや流行に合わせて、さいしんのものを注文します。あつかっている服に合うくつやアクセサリーなどをいっしょに売っているお店もあります。

　店員は新しい商品がとどいたら、入荷した服のまい数や品番、色、サイズ、ねだんなどが合っているかをたしかめます。

　新作が発売される時期は、たくさんのダンボール箱がお店にとどくので、かくにんするだけでもたいへんです。

▲新しく仕入れた商品。

▲けんぴんする。

▼商品を整える。

▼サイズ順にならべる。

ちん列と整理

　注文した商品がとどいたら、店内にちん列していきます。仕入れた服はハンガーにかけて、ラックとよばれるバーにかけたり、たなにおいていきます。

　サイズをS～LLといった順番にそろえたり、ならべる服の色合いを考えたりしながら、服がきれいに見えるように整えていきます。

　品物は、シャツはシャツ売り場、ズボンはズボン売り場、スカートはスカート売り場と、しゅるいごとにまとめておくことが多いです。お客さんが手にとって、くしゃくしゃになってしまった商品は、店員がたたんでならべ直します。

服のてんじ

売り場作りにも力を入れています。イチオシの商品は、道路や通路など人通りが多く、お客さんの目につきやすい場所にてんじしています。人目を引くマネキンは、新作やおすすめのコーディネートをさせたうえで、お店の中でもとくに目立つ場所におかれることが多いです。

また体が大きい人向けに、ビッグサイズの商品だけを集めたコーナーを用意したり、自分のこのみのデザインの服が見つけやすいよう、カジュアルな服、フォーマルな服など、商品をテイストごとにまとめて売り場を作っている場合もあります。

▲お店の外からも見える場所にマネキンがある。

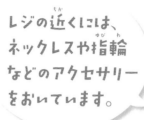
レジの近くには、ネックレスや指輪などのアクセサリーをおいています。

▼作る商品を相談。

▼色を決める。

オリジナル商品を作る

メーカーから仕入れた服だけでなく、オリジナルの服を作って販売しているお店もあります。

全て手作りの商品をあつかっているお店もあれば、「こんな服を作りたい！」というデザインをお店で考えて工場につたえ、作ってもらっているお店もあります。

そのお店にしか売っていないオリジナル商品を買いたいと、わざわざ来るお客さんもいます。キャラクターを使ったり、芸能人などときょう力して、新しい商品を開発することもあります。

アパレルショップの仕事の くふう

店員も販売している服を着ている

オシャレな人を見て、「あんなかっこうをしてみたい！」と思ったことはありませんか？ アパレルショップでは、お客さんに「まねしたい」と思ってもらえるよう、店員は自分のお店であつかっている服をオシャレに着こなすようにしています。

なかには、店員のコーディネートを見て「同じ商品がほしい」と買っていくお客さんもいます。

また、見た目だけでなく、じっさいの着心地はどうなのかを知ることも、商品を販売するうえで大切なことです。そのため店員は、できるだけ商品を試着したり、買ったりして、お客さんに服のせつめいができるようにしています。

洋服えらびを手つだう

　アパレルショップの店員は、お客さんにに合う商品をえらぶことがあります。お客さんによっては「自分にどんな服がに合うのか、わからない」「○○のようなファッションがしたい」という人もいます。そんな時には、店員が「こちらのほうが、おに合いです」「このシャツには、このズボンがいいですよ」と商品や服の組み合わせをしょうかいします。

　お客さんの年齢や体けい、ヘアスタイルだけでなく、服のこのみ、持っている服との組み合わせなどもアドバイスをします。

　スポーツウェアやアウトドアのせん門店の服売り場だと、あせがかわきやすい、よごれにくい、雨をはじくなど目てきに合った服をしょうかいしてくれることもあります。

ねびきセールを行う

　アパレルショップでは、きせつに合わせてあつかう服のしゅるいがかわります。たとえば、夏の半そでのシャツや、冬のコートやマフラーなど、着るきせつがかぎられている商品は、そのきせつがかわる前にねびきセールをして、できるだけ全てを売ってしまうようにします。

　服の流行は毎年かわります。今年よく売れた服が、次の年もまだ人気かどうかはわかりません。そのためにねびきセールをして、商品の売れのこりをなくすようにしています。

　また、お客さんはほしい商品をふだんより安く買えるので、お得に感じられます。

▲ セールの札をつける。

スポーツショップ

野球、サッカー、バスケットボール、
マラソンなどさまざまなスポーツの道具やウェア、
シューズなどを販売しています。

スポーツショップ
のお仕事

接客と販売

　お客さんにさいしんの商品や人気の商品をしょうかいします。とくに有名なスポーツ選手が使用している道具は人気があるので、目立つようにちん列したり、ポップでおすすめして販売しています。

　また、お客さんに合った商品をえらぶ手つだいをすることもあります。

　たとえば、野球をはじめる子どもには、きき手や身長、このみなどを聞きながら、初心者にぴったりのグローブやバットをいっしょにえらんでいきます。

　お客さんが自分に合った道具をえらべるように、店員は商品のとくちょうだけでなく、スポーツの知しきを持っておくようにしています。

スポーツショップで
はたらいている人

店員

スポーツ用具の仕入れや販売をしています。地元の学校やスポーツ団体などに商品をとどけたり、お客さんが持ちこんだスポーツ用品のしゅう理を行っているお店もあります。

スポーツショップの仕事の くふう

道具のしゅう理を行っている

長年使っているグローブやスパイクなど、道具によっては、新しいものを買うよりも、今のものを使いつづけたいという人がいます。こうしたお客さんのために、道具のしゅう理を行っているスポーツショップもあります。

それだけでなく、長く使えるように、道具の手入れや管理の仕方もアドバイスしています。

ほかにも、バドミントンのガットのはりかえや、スポーツ機器のしゅう理などを受けつけているお店もあります。

商品を販売したあとも、お客さんとつながることができます。

▲ ガットのはりかえをする。

学校で使う用具もあつかっている

地元の学校指定の体育着や上ばき、シューズをあつかっていたり、体育の授業や部活動で使う道具を注文できるお店もあります。

こうした学校にかかわる商品を販売することで、地元のお客さんにお店のことを知ってもらい、地いきに身近なスポーツショップとして親しんでもらえるようにくふうしています。

地元のクラブチームのユニフォームの注文を受けたり、地いきのスポーツ大会の運えいにきょう力したり、地元の人たちがよりスポーツを楽しめるように、イベントなどをこく知したりすることもあります。

ほうこくする文章を書こう！

調べたり、見学をして、知りたかったことはわかりましたか。見つけた仕事のくふうを、ほうこくする文章に書いて、まとめてみましょう。この本の後ろにある「仕事のくふう ほうこくシート」をコピーして使いましょう。

1 たしかめよう！　ほうこくする文章の組み立て

下の図のように、つたえたいことを、内ようごとに、4つの大きなまとまりにわけます。

❶〜❹について、ほうこくシートの「書く材料を用意しよう！」のところに短い文章で書き出しましょう。調べたり、見学した時のメモも見返してみましょう。

❶ 調べた理由　▶　❷ 調べ方　▶　❸ 調べてわかったこと　▶　❹ まとめ

記入れい

タイトル
えらんだ仕事と、見つけたくふうがわかるようにする。

❶調べた理由
えらんだ理由やきっかけを書く。

❷調べ方
使った本、見学先、インタビューを受けてくれた人の名前を書く。

❸調べてわかったこと
「わかったこと」と「考えたこと」を段落でわけて書く。

❹まとめ
❸の内ようを、短くまとめる。

仕事のくふう ほうこくシート

タイトル　コンビニエンスストアのお客さんを集めるくふう

3 年 1 組　名前 令和 小次郎

❶調べた理由
小学校の近くにある、にこにこコンビニは、いつもお客さんがたくさん入っています。登下校の時に見かけて、気になっていました。そこで、お客さんを集めるくふうについて、調べることにしました。

❷調べ方
にこにこコンビニに行き、見学しました。
また、店員の横山さんに話を聞きました。本でも調べました。

❸調べてわかったこと
(1) 品ぞろえ
にこにこコンビニは、ほしい商品がしっかりとそろっています。駅前のスーパーよりも売り場は小さいので、あつかう商品をくふうしているそうです。
横山さんは、「朝早くや夜おそくまで開いているので、お客さんふだんの生活でからすとこまるものを、そろえています」とおっしゃっていました。
たしかに、毎日は買わないけど、電池やペン、せんざいなどの商品があると、なくなった時にすぐに買えるので助かると思います。
(2) いろいろなサービス
店内にあるATMでお金を引き出している人がいました。ほかにも、コピーをとるきかいや電話代のしはらい、宅配便の手配などができるそうです。
「いろいろなサービスを用意して、お店に来てもらえるようにしています」と横山さんは教えてくれました。
買い物いがいにも、いろいろなサービスがあり、用事が一度にすむから、ついお店に行きたくなるとわかりました。

❹まとめ
何気なく行っていたコンビニには、お客さんを集めるためのくふうが、たくさんあることを知りました。とくに、買い物をするいがいにも、さまざまなサービスが受けられることに、おどろきました。こんど、コンビニ行く時は、ほかにどんなサービスがあるか、見つけたいと思います。

本を書いた人	本のタイトル	引用したページ	出版社	発行年
「仕事のくふう、見つけた？」編集委員会	「お店に行ったら」スーパーマーケット、花屋、書店ほか	ページ	○✕社	2010年
		ページ		

書く材料を用意しよう！

●ほうこくする文章の組み立てをたしかめよう

❶調べた理由	❷調べ方	❸調べてわかったこと	❹まとめ
・お客さんが多い。 ・家族でよく行く。 ・どうして人があつまるのか。	・にこにこコンビニを見学。 ・店員さんに聞いた。 ・図書館で本をさがした。	・品ぞろえのくふう。 ・サービスがたくさんある。	・たくさんのサービスを発見！ ・ほかにもあるか気になる。

●調べてわかったこと

わかったこと		考えたこと
・コンビニはスーパーよりも小さいけど、生活にひつような商品がたくさんある。	→	・商品が少ないと思われないように、生活にひつようなものを、よく考えてえらんでいる。
・銀行のATMや電気代のしはらいなど、いろんなサービスが受けられる。	→	・コンビニにいくと、用事が一度にすむからべんり。

＊A3用紙にコピーして使いましょう。

さんこうにした本
❷を見学先のことにした人は、本のじょうほうをここに書く。

書く材料を用意しよう！
短い文章で書き出す。

44

2 ほうこくする文章を書いてみよう！

ポイント

●れいをあげて書く

その仕事のことをよく知らない人にも、つたわりやすくなります。

●絵や写真を使う

文章だけではつたわりにくいことを助けたり、注目させるこうかがあります。

●段落をわけよう

わかったこと（調べたこと・見たこと・聞いたこと）と、考えたことがくべつできます。

1 調べた理由を書く

どうしてその仕事について調べてみようと思いましたか。自分やおうちの人がよく行くお店や施設、すきな仕事など、えらんだ理由やきっかけを書きましょう。

また、注目した「仕事のくふう」にもふれましょう。何について書かれた文章なのか、はっきりさせることができます。

えらんだ仕事	仕事のくふう
コンビニエンスストア	お客さんを集めるくふう

2 調べ方を書く

●本で調べたことをもとにして書く人

「書いた人、本のタイトル、出版社、発行年」を書きましょう。本の一番後ろのページに書いてあります。

漢字やひらがな、カタカナ、数字はそのまま書きましょう。

この本の場合は、下のように書きます。

『仕事のくふう、見つけたよ』編集委員会、『①お店ではたらく スーパーマーケット、花屋、書店ほか』、汐文社、2020年

●見学したことをもとにして書く人

見学先の名前や、インタビューを受けてくれた人・あん内をしてくれた人の名前を書きましょう。

本もさんこうにした場合は、「本でも調べました」「本も読みました」と書いておきましょう。そして、「仕事のくふう ほうこくシート」のさいごに本のじょうほうを書きます。

❸ 調べてわかったことを書く

❶で決めた「仕事のくふう」について、調べてわかったこと、考えたことをしっかりくべつし、それぞれかじょう書きにして、整理しましょう。

はじめに、わかったことを書きます。次に、それを知ってから自分で考えたことを書くといいでしょう。下の図のようなメモをもとにして、内ようを決めてから、文章を書きはじめましょう。

書くことがいくつかある場合は、（1）（2）のように番号をつけたり、「ひとつ目は、～です。」「ふたつ目は、～です」とわけましょう。

●見学先の人の言葉や本の文章を、自分の文章で使う

これを「引用」といいます。自分の言葉とくべつするように注意して、使ってみましょう。

わかったこと

・コンビニはスーパーよりも小さいけど、生活にひつような商品がたくさんある。

・銀行のATMや電気代のしはらいなど、いろんなサービスが受けられる。

考えたこと

・商品が少ないと思われないように、生活にひつような品物を、よく考えて、えらんでいる。

・コンビニに行くと、用事が一度にすむからべんり。

本の文章を引用する

1.文章をそのままぬき出しましょう。

2.かぎかっこ（「　」）をつけましょう。

3.本のじょうほうをしめしましょう。ほうこくシートのさいごに書きます。「書いた人、本のタイトル、引用した部分があるページ、出版社、発行年」のじゅんにしめしましょう。

『仕事のくふう、見つけたよ』編集委員会、『① お店ではたらく　スーパーマーケット、花屋、書店ほか』、16ページ、汐文社、2020年

見学先の人の言葉を引用する

1.お店や施設の名前を出す。

2.話をしてくれた人の名前を出す。

3.かぎかっこ（「　」）をつけましょう。

4.段落をかえずに書きましょう。

小学校のすぐ近くにある、にこにこコンビニの店員の横山さんは、「いろいろなサービスを用意して、お店に来てもらえるようにしています」とおっしゃっていました。

④ まとめを書く

しょうかいしてきた「仕事のくふう」をふり返りましょう。調べてみた感想や、もっともおどろいたことなどを、短い文章で、かんけつに書きましょう。

まとめに使える書き方

・〜を知りました。

・とくに、〜におどろきました。

・こんどから、〜と思いました。

・〜が大切だとわかりました。

・今日から〜したいです。／したいと思います。

3 友だちと文章を読み合って、感想をつたえよう!

友だちは、何の仕事をえらんで、どんなくふうを発見したでしょうか。友だちの文章を読んで、おもしろかったところや、はじめて知ったことなど、感想をつたえましょう。

また、友だちの文章の書き方や、絵や写真の使い方にも注目してみましょう。わかりやすかった部分があれば、教えてあげましょう。

● グループで感想をつたえ合う時は

1. だれの「仕事のくふう ほうこくシート」から読むか、順番を決めましょう。

2. 教室の時計で「○時○分まで」と読む時間を決めて、いっせいに読みましょう。自分の番の時は、自分のほうこくシートをあらためて読み返しましょう。

3. ほうこくシートを書いた人の左どなりの人から、時計回りに感想を言っていきましょう。

4. さいごにしつ問があれば、手をあげてから、書いた人にたずねます。

5. グループのみんながおわるまでくり返します。

編著
『仕事のくふう、見つけたよ』編集委員会

イラスト
pon-marsh
福島県出身のイラストレーター。主に書籍の装画や挿絵を手がける。主な装画の仕事に「みつばの郵便屋さん」シリーズ、「水沢文具店」シリーズ(ともにポプラ社)、「神様の定食屋」シリーズ(双葉社)、「かなりや荘浪漫」シリーズ(PHP研究所)、『アカネヒメ物語』(徳間書店)、『君だけのシネマ』(PHP研究所)、『向日葵のかっちゃん』(講談社)など。

つゆこ
(P.3-5、45、47)

執筆・編集協力
三村真佑美[ライティング・プラス]

デザイン
小沼宏之[Gibbon]

写真
PIXTA
新栄堂書店&Reading Salon 19 Ikkyu

調べて、書こう! 教科書に出てくる

仕事のくふう、見つけたよ
①お店ではたらく
スーパーマーケット、花屋、書店ほか

2020年2月 初版第1刷発行

編著————『仕事のくふう、見つけたよ』編集委員会
発行者————小安宏幸
発行所————株式会社汐文社
　　　　　　〒102-0071
　　　　　　東京都千代田区富士見1-6-1
　　　　　　電話 03-6862-5200　FAX 03-6862-5202
　　　　　　HP https://www.choubunsha.com
印刷————新星社西川印刷株式会社
製本————東京美術紙工協業組合

ISBN978-4-8113-2710-5　NDC366

主要参考文献

・『名人はっけん! まちたんけん ②お店のひと』鎌田和宏 監修、学研プラス、2019
・『名人はっけん! まちたんけん ③くらしをささえるひと』鎌田和宏 監修、学研プラス、2019
・『おしごと年鑑』谷 和樹 監修、朝日新聞社、2019
・『キャリア教育支援ガイド お仕事ナビ ⑭教育に関わる仕事』お仕事ナビ編集室 著、理論社、2018
・『キャリア教育に活きる! 仕事ファイル ④ショップの仕事』小峰書店編集部 編著、小峰書店、2017
・『職場体験完全ガイド ㊳ものを販売する仕事』ポプラ社、2017
・『キャリア教育支援ガイド お仕事ナビ ⑪ファッションに関わる仕事』お仕事ナビ編集室 著、理論社、2017
・『しごと場見学! ——商店街で働く人たち』山下久猛 著、ぺりかん社、2016
・『しごと場見学! ——書店・図書館で働く人たち』戸田恭子 著、ぺりかん社、2016
・『しごと場見学! ——美容室・理容室・サロンで働く人たち』津留有希 著、ぺりかん社、2015
・『職場体験完全ガイド ㊲本にかかわる仕事』ポプラ社、2014
・『職場体験学習に行ってきました。⑥お店の仕事』全国中学校進路指導連絡協議会 監修、学研教育出版、2014
・『しごと場見学! ——スーパーマーケット・コンビニエンスストアで働く人たち』浅野恵子 著、ぺりかん社、2011
・『職場体験完全ガイド ④動物や植物をあつかう仕事』ポプラ社、2009
・『職場体験完全ガイド ⑩おしゃれにかかわる仕事』ポプラ社、2009
・『なりたい自分を見つける! 仕事の図鑑 ②食べものとサービスに関わる仕事』[仕事の図鑑]編集委員会 編、あかね書房、2006
・『経済がよくわかる コンビニ大図鑑』PHP研究所 編、PHP研究所、2004
・『発表・スピーチに自信がつく! 魔法の話し方トレーニング ②授業で自信まんまん!』白石謙二 著、汐文社、2018
・『コミュニケーションナビ 話す・聞く ②やるぜ! スピーチ・インタビュー』青山由紀 監修、鈴木出版、2016

＊ここでは見やすいように、「タイトル、作者、出版社、発行年」の順に表記しています。

「仕事のくふう、見つけたよ！」ほうこく会を開こう

自分の書いた「ほうこくする文章」をみんなの前で読んで、発表してみましょう。

発表をする人は

発表で相手につたわりやすいように、「ほうこくする文章」にむずかしい言葉があれば、あらかじめかえておきましょう。

❶ あいさつをして、名前を言おう

・元気よく、大きな声ではじめましょう。

・きんちょうしている時は、深くこきゅうをしてみましょう。

❷ 発表をはじめる

・「これから○○○についてのほうこくをはじめます」と言って、何の発表をするのかをみんなにつたえましょう。

❸ 調べたことを発表しよう

・ほうこくシートばかりを見ないようにしましょう。顔を上げて、せすじをのばしましょう。

・聞いている人に声をとどけるように、相手のことをしっかり見ましょう。

・相手に発表がつたわるように、大きく口を開けて、ゆっくりと話しましょう。

❹ 発表をおわる

・「これで発表をおわります。ありがとうございました」と言って、発表をおわりましょう。

❺ しつ問や感想を聞く

・しつ問をされたら、相手をよく見て、何をしつ問されているか、しっかりと聞きましょう。

・みんなに聞きたいことがあったら、さいごにたずねてみてもいいでしょう。

発表を聞く人は

❶ 発表を聞いている時

・発表をする人をしっかり見て、しずかに話を聞きましょう。

・気になったところやわからなかったところは、メモをしておきましょう。

・大切だと思ったところやよかったところも、メモをしておきましょう。

❷ 発表がおわったら

・発表の内ようと、発表の仕方でよかったところをわけて、感想をつたえましょう。

・しつ問をしてみましょう。

・ほかの人と同じしつ問をしないように、気をつけましょう。

仕事のくふう ほうこくシート

タイトル

_____

❶ 調べた理由

年　　　組　　名前
_____

_____

_____

❷ 調べ方

_____

_____

_____

❸ 調べてわかったこと